PANDARELLA

Text and Illustrations by Terry Waltz

a PandaRiffic™ book for early CSL readers
Squid For Brains Educational Publishing
2013

©2013 by Terry Waltz

No part of this book may be reproduced in any form, including for group display, except for the inclusion of brief quotations in scholarly articles or reviews, without the express written permission of the copyright holder.

ISBN-13: 9781946626134

Published by Squid For Brains, Albany, NY

从前有一只熊猫。她叫 Pandarella。Pandarella 有一个朋友。她的朋友叫 Cinderella。Pandarella 跟 Cinderella 是好朋友。Pandarella 不是一个人。Cinderella 是人。Pandarella 是熊猫。虽然 Pandarella 不是一个人，她是 Cinderella 的好朋友。Pandarella 很喜欢 Cinderella。Cinderella 也很喜欢 Pandarella。

Dì Yī Yè

CónGqiáN yŏu yÍZhì xiónGMĀO. TĀ Jiào Pandarella. Pandarella yŏu yÍGè pénGyŏu. TĀde* pénGyŏu Jiào Cinderella. Pandarella GĒN Cinderella Shì hăo pénGyŏu. Pandarella bÚShì YĪge* réN. Cinderella Shì réN. Pandarella Shì xiónGMĀO. SUĪráN Pandarella bÚShì YĪge* réN, TĀ Shì Cinderella de* hăo pénGyŏu. Pandarella hĕn xĭHUĀN Cinderella. Cinderella yĕ hĕn xĭHUĀN Pandarella.

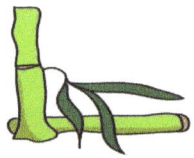

Cinderella 没有妈妈，但是 Pandarella 有。Pandarella 的妈妈不好。Pandarella 的妈妈叫 Lucretia。Lucretia 不是熊猫。她是犀牛。Lucretia 很不好看。因为 Pandarella 是熊猫，所以她很好看。Pandarella 的妈妈不喜欢她，因为熊猫好看。Lucretia 是不好看的犀牛，所以她不喜欢 Pandarella。Lucretia 说:"Pandarella，你不好看！"

Dì Èr Yè

Cinderella méIyǒu MĀma*, Dàn-Shì Pandarella yǒu. Pandarella de* MĀma* Bùhǎo. Pandarella de* MĀma* Jiào Lucretia. Lucretia búShì xióNGMĀO. TĀ Shì XĪnÍU. Lucretia hěn Bùhǎo Kàn. YĪNWèi Pandarella Shì xióNGMĀO, suǒyǐ TĀ hěn hǎoKàn. Pandarella de* MĀma* Bù xǐHUĀN TĀ, YĪNWèi xióNGMĀO hǎoKàn. Lucretia Shì BùhǎoKàn de* XĪnÍU, suǒyǐ TĀ Bù xǐHUĀN Pandarella. Lucretia SHUŌ, "Pandarella, nǐ BùhǎoKàn!"

Pandarella 也有两个姐姐。一个姐姐叫 Ursulina。一个姐姐叫 Ursulena。Ursulena 胖。Ursulina 不胖。Pandarella 的两个姐姐都不好。她们不喜欢 Pandarella。虽然 Pandarella 喜欢她们，但是她们不喜欢 Pandarella。她们不喜欢 Pandarella，因为 Pandarella 好看。Pandarella 的两个姐姐都是犀牛。她们都不好看，所以她们不喜欢 Pandarella。

Dì SĀN Yè

Pandarella yě yǒu liǎngGè jiějie*. yÍGè jiějie* Jiào Ursulina. yÍGè jiějie* Jiào Ursulena. Ursulena Pàng. Ursulina bÚPàng. Pandarella de* liǎngGè jiějie* DŌU Bùhǎo. TĀmen* Bù xǐHUĀN Pandarella. SUĪráN Pandarella xǐHUĀN TĀmen*, DànShì TĀmen* Bù xǐHUĀN Pandarella. TĀmen* Bù xǐHUĀN Pandarella, YĪNWèi Pandarella hǎoKàn. Pandarella de* liǎngGè jiějie* DŌU Shì XĪníU. TĀmen* DŌU Bù hǎoKàn, suǒyǐ TĀmen* Bù xǐHUĀN Pandarella.

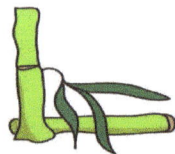

Pandarella 的两个姐姐有好看的衣服。她们很喜欢好看的衣服。她们的衣服很多。她们的衣服都是新的衣服。两个姐姐说:"我们的衣服都是新的!很好看!我们喜欢新的衣服,因为新的衣服好看!" Pandarella 的妈妈跟两个姐姐说:"你们的新衣服很好看!你们也很好看!"

Dì Sì Yè

Pandarella de* liǎngGè jiějie* yǒu hǎoKàn de* YīfÚ. TĀmen* hěn xǐHUĀN hǎoKàn de* YīfÚ. TĀmen* de* YīfÚ hěnDUŌ. TĀmen* de* YīfÚ DŌU Shì XĪNde* YīfÚ. liǎngGè jiějie* SHUŌ: "wǒmen* de* YīfÚ DŌU Shì XĪNde*! hěn hǎoKàn! wǒmen* xǐHUĀN XĪNde* YīfÚ, YĪNWèi XĪNde* YīfÚ hǎoKàn!" Pandarella de* MĀma* GĒN liǎngGè jiějie* SHUŌ: "nǐmen* de* XĪN YīfÚ hěn hǎoKàn! nǐmen* yě hěn hǎoKàn!"

Pandarella 没有 新的 衣服。 她的 衣服 都 是 旧的 衣服。 Pandarella 的 旧 衣服 不好看。很多人说:"Pandarella 很 好看, 但是 她的 衣服 都 不好看!"Pandarella 不喜欢 旧的 衣服, 因为 旧的 衣服 不好看。 但是 她 没有 新的 衣服。Pandarella 的 两个 姐姐 没有 旧的 衣服。 她们 不喜欢 旧的 衣服。她们 有 好看的 新 衣服 , 但是 Pandarella 没有。

Dì wǔ Yè

Pandarella méIyǒu XĪNde* YĪfÚ. TĀde* YĪfÚ DŌU Shì Jìude* YĪfÚ. Pandarella de* Jìu YĪfÚ BùhǎoKàn. hěnDUŌ réN SHUŌ☐ "Pandarella hěn hǎoKàn, DànShì TĀde* YĪfÚ DŌU BùhǎoKàn!" Pandarella Bù xǐHUĀN Jìude* YĪfÚ, YĪNWèi Jìude* YĪfÚ BùhǎoKàn. DànShì TĀ méIyǒu XĪNde* YĪfÚ. Pandarella de* liǎngGè jiějie* méIyǒu Jìude* YĪfÚ. TĀmen* Bù xǐHUĀN Jìude* YĪfÚ. TĀmen* yǒu hǎoKànde* XĪN YĪfÚ, DànShì Pandarella méIyǒu.

Pandarella 想买衣服。她想买好看的衣服，因为她的衣服都不好看。Pandarella 说："我的两个姐姐的衣服都好看。为什么我的衣服不好看？我的两个姐姐有新的衣服，但是我没有新的衣服。我想买新的衣服！新的衣服好看！我想买好看的衣服！"

Dì Lìu Yè

Pandarella xiǎng mǎi YĪfÚ. TĀ xiǎngmǎi hǎoKànde* YĪfÚ. YĪNWèi TĀde* YĪfÚ DŌU BùhǎoKàn. Pandarella SHUŌ: "wǒde* liǎngGè jiějie* de* YĪfÚ DŌU hǎoKàn. WèishéNme* wǒde* YĪfÚ BùhǎoKàn? wǒde* liǎngGè jiějie* yǒu XĪNde* YĪfÚ, DànShì wǒ méIyǒu XĪNde* YĪfÚ. wǒ xiǎngXĪNde* YĪfÚ! XĪNde* YĪfÚ hǎoKàn! wǒ xiǎng mǎi hǎoKànde* YĪfÚ!"

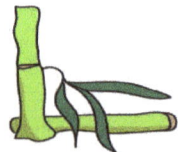

妈妈 真的
很 讨厌

Pandarella 跟 她的 妈妈 说:"妈妈,我想买 新 衣服。我的 衣服 都 不 好看。我 想买 好看的 衣服,好不好?"妈妈 跟 Pandarella 说:"你 不好 看!你 为什么 想买 好看的 衣服 呢?不行!"

Dì QĪ Yè

Pandarella GĒN TĀde* MĀma* SHUŌ: "MĀma*, wǒ xiǎng mǎi XĪN YĪfÚ. wǒde* YĪfÚ DŌU BùhǎoKàn. wǒ xiǎng mǎi hǎoKànde* YĪfÚ, hǎoBùhǎo? "MĀma* GĒN Pandarella SHUŌ: "nǐ Bùhǎo Kàn! nǐ WèishéNme* xiǎngmǎi hǎoKànde* YĪfÚ ne*? BùxínG!"

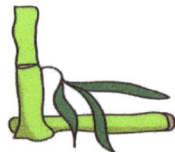

妈妈 跟 两个 姐姐 都 骂 Pandarella。她们 骂 Pandarella 不好。她们 骂 Pandarella 不好看。她们 骂 Pandarella 胖。Pandarella 哭了，因为 妈妈 跟 姐姐 都 骂 她。虽然 Pandarella 好看，妈妈 跟 两个 姐姐 都 骂 她 不好看。妈妈 跟 姐姐 不好！

Dì BĀ Yè

MĀma* GĒN liǎngGè jiějie* DŌU Mà Pandarella. TĀmen* Mà Pandarella BùhǎO. TĀmen* Mà Pandarella BùhǎoKàn. TĀmen* Mà Pandarella Pàng. Pandarella KŪle*, YĪNWèi TĀ MĀma* GĒN jiějie* DŌU Mà TĀ. SUĪráN Pandarella hǎoKàn, MĀma* GĒN liǎngGè jiějie* DŌU Mà TĀ BùhǎoKàn. MĀma* GĒN jiějie* Bùhǎo!

妈妈 跟 两个 姐姐 很 喜欢 看 电视。她们 买了 新的 电视。她们 买的 电视 很 大。Pandarella 的 妈妈 跟 两个 姐姐 都 喜欢 大的 电视，因为 她们 喜欢 看 电视。Pandarella 也 喜欢 看 电视，但是 她 都 不看。Pandarella 的 妈妈 说："不行！犀牛 看 电视。熊猫 不看！" Pandarella 哭 了，因为 她 很想 跟 她们 看 电视。

Dì jǐu Yè

Māma* GĒN liǎngGè jiějie* hěn xǐHUĀN Kàn DiànShì. TĀmen* mǎile* XĪNde* DiànShì. TĀmen* mǎide* DiànShì hěnDà. Pandarella de* MĀma* GĒN liǎngGè jiějie* DŌU xǐHUĀN Dàde* DiànShì, YĪNWèi TĀmen* xǐHUĀN Kàn Diànyǐng. Pandarella yě xǐHUĀN Kàn DiànShì, DànShì TĀ DŌU bÚ Kàn. Pandarella de* MĀma* SHUŌ: "BùxínG! XĪníU Kàn DiànShì. xiónGMĀO bÚ Kàn!" Pandarella KŪle*, YĪNWèi TĀ hěnxiǎng GĒN TĀmen* Kàn DiànShì.

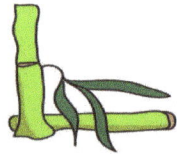

Pandarella 的妈妈说:"Pandarella,你去洗碗!"虽然 Pandarella 很想看电视,但是她去洗碗。她不看电视,因为她要洗碗。Pandarella 说:"为什么两个姐姐都不洗碗?我不喜欢洗碗!妈妈,我跟你看电视,好不好?"

妈妈跟 Pandarella 说:"不行!"

Dì shÍ Yè

Pandarella de* MĀma* SHUŌ: "Pandarella, nǐ Qù xǐwǎn!" SUĪráN Pandarella hěnxiǎng Kàn DiànShì, DànShì TĀ Qù xǐwǎn. TĀ Bù KànDiànShì, YĪNWèi TĀ Yào xǐwǎn. Pandarella SHUŌ: "WèishéNme* liǎngGè jiějie* DŌU Bù xǐwǎn? wǒ Bù xǐHUĀN xǐwǎn! MĀma*, wǒ GĒN nǐ Kàn DiànShì, hǎoBùhǎo? "

MĀma* GĒN Pandarella SHUŌ: "BùxínG!"

Pandarella 的 妈妈 跟 两个 姐姐 看 电视。电视 的 人 说:"Pad Britt 要 在 White House 开 派对!" 妈妈 看了 两个 姐姐。两个 姐姐 看了 妈妈。Pad Britt 要 开 派对!两个 姐姐 说:"妈妈,我们 要 去 Pad Britt 的 派对!我们 很 喜欢 Pad Britt!他 很 好看!我们 去 Pad Britt 的 派对,好不好?"

第 十 一 页

Dì shÍYĪ Yè

Pandarella de* MĀma* GĒN liǎngGè jiějie* Kàn DiànShì. DiànShì de* réN SHUŌ: "Pad Britt Yào Zài White House KĀI PàiDuì!" MĀma* Kànle* liǎngGè jiějie*. liǎngGè jiějie* Kànle* MĀma*. Pad Britt Yào KĀI PàiDuì! liǎngGè jiějie* SHUŌ: "MĀma*, wǒmen* Yào Qù Pad Britt de* PàiDuì! wǒmen* hěn xǐHUĀN Pad Britt! TĀ hěn hǎoKàn! wǒmen* Qù Pad Britt de* PàiDuì, hǎoBùhǎo? "

妈妈说:"我们去 Pad Britt 的派对!Pad Britt 的派对都很好!你们都很好看!我要 Pad Britt 看你们!"

Dì shí Èr Yè

MĀ ma* SHUŌ: "wǒmen* Qù Pad Britt de* PàiDuì! Pad Britt de* PàiDuì DŌU hěn hǎo! nǐmen* DŌU hěn hǎo Kàn! wǒ Yào Pad Britt Kàn nǐmen*."

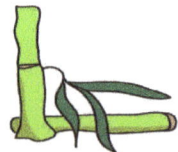

Pandarella 跟妈妈说:"妈妈,我也想去!你们要去 Pad Britt 的派对吗? Pad Britt 很好看!我想跟你们去 Pad Britt 开的派对!"妈妈跟两个姐姐说,"Pandarella 想跟我们去 Pad Britt 的派对。你们说行不行?"

Dì shÍSĀN Yè

Pandarella GĒN MĀma* SHUŌ: "MĀma*, wǒ yě xiǎng Qù! nǐmen* Yào Qù Pad Britt de* PàiDuì ma*? Pad Britt hěn hǎoKàn! wǒ xiǎng GĒN nǐmen* Qù Pad Britt KĀIde* PàiDuì!" MĀma* GĒN liǎngGè jiějie* SHUŌ, "Pandarella xiǎng GĒN wǒmen* Qù Pad Britt de* PàiDuì. nǐmen* SHUŌ xínG BùxínG?

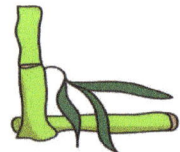

妈妈 跟 两个 姐姐 都 说："不行！我们 要 去 Pad Britt 开的 派对，但是 你 不去。你 没有 新 衣服！你 不行！" Pandarella 哭了。她 很 想 去 Pad Britt 开的 派对，但是 妈妈 跟 两个 姐姐 说 "不行！"

Dì shÍSì Yè

MĀma* GĒN liǎngGè jiějie* DŌU SHUŌ: "BùxínG! wǒmen* Yào Qù Pad Britt KĀIde* PàiDuì, DànShì nǐ bÚ Qù. nǐ méIyǒu XĪN YĪfÚ! nǐ BùxínG!"
Pandarella KŪle*. TĀ hěn xiǎng Qù Pad Britt KĀIde* PàiDuì, DànShì MĀma* GĒN liǎngGè jiějie* SHUŌ "BùxínG!"

两个姐姐买了新衣服。妈妈也买了新衣服。她们买的衣服都好看，但是妈妈跟两个姐姐不好看！Pandarella 没有买新衣服，因为妈妈说她不去 Pad Britt 的派对。妈妈跟两个姐姐去 Washington, DC。她们去 Pad Britt 的派对。但是 Pandarella 不去。Pandarella 哭了，因为她很想去 Washington DC。

Dì shÍwǔ Yè

liǎngGè jiějie* mǎile* XĪN YĪfÚ. MĀma* yě mǎile* XĪN YĪfÚ. TĀmen* mǎide* YĪfÚ DŌU hǎoKàn, DànShì MĀma* GĒN liǎngGè jiějie* Bù hǎoKàn!Pandarella méIyǒu mǎi XĪN YĪfÚ, YĪNWèi MĀma* SHUŌ TĀ bÚ Qù Pad Britt de* PàiDuì. MĀma* GĒN liǎngGè jiějie* Qù Washington, DC. TĀmen* Qù Pad Britt de* PàiDuì. DànShì Pandarella bÚ Qù. Pandarella KŪle*, YĪNWèi TĀ hěnxiǎngQù Washington DC.

Pandarella 一个人在家。妈妈不在。两个姐姐也不在。她们去了 Washington DC。Pad Britt 在 Washington DC 因为他要在 Washington DC 开派对。但是 Pad Britt 的弟弟不在 Washington DC。他去 Pandarella 的家！

Dì shÍLìu Yè

Pandarella yÍGè réN ZàiJIĀ. MĀma* Bù Zài. liǎngGè jiějie* yě bÚ Zài. TĀmen* Qùle* Washington DC. Pad Britt Zài Washington DC YĪNWèi TĀ Yào Zài Washington DC KĀI PàiDuì. DànShì Pad Britt de* Dìdi* bÚ Zài Washington DC. TĀ Qù Pandarella de* JIĀ!

Pad Britt 的弟弟说,"你好!你是不是 Pandarella?" Pandarella 说,"我叫 Pandarella。您贵姓?" Pad Britt 的弟弟说:"我姓 Britt。我是 Pad Britt 的弟弟。你想不想去 Pad Britt 开的派对?" Pandarella 说:"你是 Pad Britt 的弟弟吗?Pad Britt 要我去他的派对吗?"

Dì shÍQĪ Yè

Pad Britt de* Dìdi* SHUŌ, "nǐhǎo! nǐ ShìbÚShì Pandarella? " Pandarella SHUŌ, "wǒ Jiào Pandarella. nÍN GuìxínG? " Pad Britt de* Dìdi* SHUŌ: "wǒ Xìng Britt. wǒ Shì Pad Britt de* Dìdi*. nǐ xiǎngBùxiǎng Qù Pad Britt KĀIde* PàiDuì? " Pandarella SHUŌ: "nǐ Shì Pad Britt de* Dìdi* ma*? Pad Britt Yào wǒ Qù TĀde* PàiDuì ma*?"

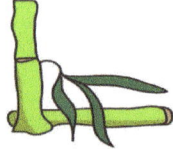

Pad Britt 的 弟弟 说:"你 很 好看。 我 哥哥 喜欢 好看 的 人。 但是 你的 衣服…是 旧的 衣服,不是 吗?" Pandarella 哭了。 她的 衣服 都是 旧的 衣服。 Pandarella 说:"是 旧 衣服。 我 没有 新 衣服。 我 想 买 新衣服, 但是 妈妈 说 不行。"

Dì shÍBĀ Yè

Pad Britt de* Dìdi* SHUŌ: "nǐ hěn hǎoKàn. wǒ GĒge* xǐHUĀN hǎoKàn de* réN. DànShì nǐde* YĪfÚ...Shì Jìude* YĪfÚ, bÚShì ma*?" Pandarella KŪle*. TĀde* YĪfÚ DŌUShì Jìude* YĪfÚ. Pandarella SHUŌ: "Shì Jìu YĪfÚ. wǒ méIyǒu XĪN YĪfÚ. wǒ xiǎng mǎi XĪNYĪfÚ, DànShì MĀma* SHUŌ BùxínG. "

Pad Britt 的弟弟说:"我哥哥很喜欢绿色的衣服。他喜欢绿色的比基尼。你有比基尼吗?你有没有绿色的比基尼?" Pandarella 说:"我没有。我没有绿色的比基尼。我什么比基尼都没有!"

Dì shíjiǔ Yè

Pad Britt de* Dìdi* SHUŌ: "wǒ GĒge* hěn xǐHUĀN LùSède* YīfÚ. TĀ xǐHUĀN LùSède* bǐJīnÍ. nǐ yǒu bǐJīnÍ ma*? nǐ yǒuméIyǒu LùSè de* bǐJīnÍ?"

Pandarella SHUŌ: "wǒ méIyǒu. wǒ méIyǒu LùSède* bǐJīnÍ. wǒ shéNme* bǐJīnÍ DŌU méIyǒu!"

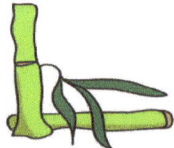

Pad Britt 的弟弟说:"我有!"他有绿色的比基尼。"Pandarella,你喜欢吗?"Pandarella说:"我很喜欢!我很喜欢你哥哥。你哥哥喜欢绿色的比基尼,所以我也喜欢!"

Dì Èrshí Yè

Pad Britt de* Dìdi* SHUŌ: "wǒ yǒu!"

Tā yǒu LùSè de* bǐJīní. "Pandarella, nǐ xǐHUĀN ma*? " Pandarella SHUŌ: "wǒ hěn xǐHUĀN! wǒ hěn xǐHUĀN nǐ GĒge*. nǐ GĒge* xǐHUĀN LùSède* bǐJīní, suǒyǐ wǒ yě xǐHUĀN!"

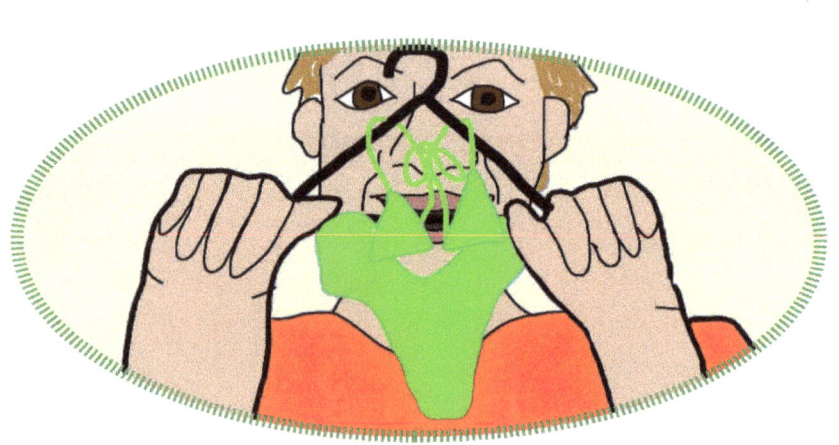

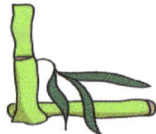

Pad Britt 的 弟弟 跟 Pandarella 说,"你 有 绿色的 比基尼 了。我们 去 Washington,好不好?" Pandarella 说:"好!" 两 个 人 去 Washington。Pandarella 很 高兴,因为 她 有 Pad Britt 喜欢的 衣服 了!她 很 高兴,因为 她 要 去 Pad Britt 开的 派对。

Dì ÈrshÍYĪ Yè

Pad Britt de* Dìdi* GĒN Pandarella SHUŌ, "nǐ yǒu LùSède* bǐJĭnÍ le*. wǒmen* Qù Washington, hǎoBùhǎo?" Pandarella SHUŌ: "hǎo!"

liǎngGè réN Qù Washington. Pandarella hěn GĀOXìng, YĪNWèi TĀ yǒu Pad Britt xǐHUĀNde* YĪfÚ le*! TĀ hěn GĀOXìng, YĪNWèi TĀ Yào Qù Pad Britt KĀIde* PàiDuì.

Pandarella 跟 Pad Britt 的 弟弟 去 White House。在 White House 的 人 很 多。Pad Britt 的 派对 很 大！虽然 人 很 多，但是 他们 都 没有 绿色 的 比基尼。Pad Britt 喜欢 绿色 的 比基尼。Pandarella 很 高兴，因为 她 有 绿色 的 比基尼 了！

Dì ÈrshÍÈr Yè

Pandarella GĒN Pad Britt de* Dìdi* Qù White House. Zài White House de* réN hěnDUŌ. Pad Britt de* PàiDuì hěn Dà! SUĪráN réN hěnDUŌ, DànShì TĀmen* DŌU méIyǒu LùSède* bǐJĪnÍ. Pad Britt xǐHUĀN LùSède* bǐJĪnÍ. Pandarella hěn GĀOXìng, YĪNWèi TĀ yǒu LùSè de* bǐJĪnÍ le*!

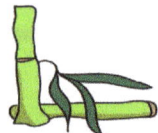

Pad Britt 看到 Pandarella！他想 Pandarella 很好看。他喜欢 Pandarella 的绿色的比基尼。Pad Britt 很喜欢 Pandarella。Pad Britt 跟他的弟弟说:"弟弟,有绿色的比基尼的熊猫是谁?我很喜欢她!她很好看!她的绿色的比基尼很好看!"

Dì ÈrshÍSĀN Yè

Pad Britt KànDào Pandarella! TĀ xiǎng Pandarella hěn hǎoKàn. TĀ xǐHUĀN Pandarella de* LùSède* bǐJĪnÍ. Pad Britt hěn xǐHUĀN Pandarella. Pad Britt GĒN TĀde* Dìdi* SHUŌ: "Dìdi*, yǒu LùSède* bǐJĪnÍ de* xióNGMĀO Shì shéI? wǒ hěn xǐHUĀN TĀ! TĀ hěn hǎoKàn! TĀde* LùSède* bǐJĪnÍ hěn hǎoKàn!"

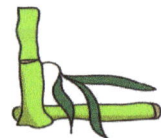

Pad Britt 的弟弟说:"她叫 Pandarella。她很喜欢你。你想不想跟她跳舞?" Pad Britt 说:"想!我很想跟 Pandarella 跳舞!" Pandarella 很高兴,因为 Pad Britt 要跟她跳舞。所以 Pad Britt 跟 Pandarella 跳舞。

Dì Èrshí Sì Yè

Pad Britt de* Dìdi* SHUŌ: "TĀ Jiào Pandarella. TĀ hěn xǐHUĀN nǐ. nǐ xiǎngBùxiǎng GĒN TĀ Tiàowǔ?" Pad Britt SHUŌ: "xiǎng! wǒ hěnxiǎng GĒN Pandarella Tiàowǔ!" Pandarella hěn GĀOXìng, YĪNWèi Pad Britt Yào GĒNTĀ Tiàowǔ. suǒyǐ Pad Britt GĒN Pandarella Tiàowǔ.

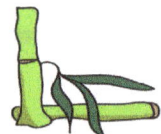

Pandarella 的 妈妈 看到 Pandarella 跟 Pad Britt 跳舞。她 很 生气！她 生气，因为 她 不 喜欢 Pandarella 跟 Pad Britt 跳舞。她 要 Pad Britt 跟 Pandarella 的 两个 姐姐 跳舞。但是 Pad Britt 不想 跟 两个 姐姐 跳舞。他 想 跟 Pandarella 跳舞。

Dì Èrshíwǔ Yè

Pandarella de* MĀma* KànDào Pandarella GĒN Pad Britt Tiàowǔ. TĀ hěn SHĒNGQì! TĀ SHĒNGQì, YĪNWèi TĀ Bù xǐHUĀN Pandarella GĒN Pad Britt Tiàowǔ. TĀ Yào Pad Britt GĒN Pandarella de* liǎngGè jiějie* Tiàowǔ. DànShì Pad Britt Bù xiǎng GĒN liǎngGè jiějie* Tiàowǔ. TĀ xiǎng GĒN Pandarella Tiàowǔ.

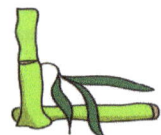

Pandarella 不 生气。Pad Britt 也 不 生气。他们 很 高兴！妈妈 跟 Pad Britt 的 弟弟 说："Pad Britt 要 跟 Pandarella 的 两个 姐姐 跳舞！你 跟 他 说，好不好？" 但是 Pad Britt 的 弟弟 不 要 两个 姐姐 跟 Pad Britt 跳舞。他 说："Pad Britt 是 我的 哥哥。他 喜欢 Pandarella。他 跟 Pandarella 跳舞。但是，我 跟 他 说。" Pad Britt 的 弟弟 跟 Pad Britt 说："Pad，你 跟 Pandarella 的 两个 姐姐 跳舞，好不好？"

Dì ÈrshÍ Lìu Yè

Pandarella Bù SHĒNGQì. Pad Britt yě Bù SHĒNGQì. TĀmen* hěn GĀOXìng! MĀma* GĒN Pad Britt de* Dìdi* SHUŌ☐ "Pad Britt Yào GĒN Pandarella de* liǎngGè jiějie* Tiàowǔ! nǐ GĒN TĀ SHUŌ, hǎoBùhǎo? "

DànShì Pad Britt de* Dìdi* bÚ Yào liǎngGè jiějie* GĒN Pad Britt Tiàowǔ. TĀ SHUŌ: "Pad Britt Shì wǒde* GĒge*. TĀ xǐHUĀN Pandarella. TĀ GĒN Pandarella Tiàowǔ. DànShì, wǒ GĒN TĀ SHUŌ." Pad Britt de* Dìdi* GĒN Pad Britt SHUŌ: "Pad, nǐ GĒN Pandarella de* liǎngGè jiějie* Tiàowǔ, hǎoBùhǎo?"

Pad Britt 跟 Pandarella 都说:"不行!" Pandarella 的一个姐姐哭了。她哭了,因为 Pad Britt 不是跟她跳舞。她哭,因为 Pad Britt 不喜欢她。Pandarella 的妈妈不哭,但是她很生气。她生气,因为 Pandarella 跟 Pad Britt 跳舞。Pandarella 的妈妈跟两个姐姐很不高兴!

Dì ÈrshÍQÍ Yè

Pad Britt GĒN Pandarella DŌU SHUŌ: "BùxínG!" Pandarella de* yÍGè jiějie* KŪle*. TĀ KŪle*, YĪNWèi Pad Britt bÚShì GĒN TĀ Tiàowǔ. TĀ KŪ, YĪNWèi Pad Britt Bù xǐHUĀN TĀ. Pandarella de* MĀma* Bù KŪ, DànShì TĀ hěn SHĒNGQì. TĀ SHĒNGQì, YĪNWèi Pandarella GĒN Pad Britt Tiàowǔ. Pandarella de* liǎngGè MĀma* GĒN liǎngGè jiějie* hěn Bù GĀOXìng!

Glossary

bǐJīnÍ, 比基尼 : bikini
bÚYào, 不要 : don't!
Bù, 不 : not
BùxínG, 不行 : not okay
cónGqiáN, 从前 : once upon a time
Dà, 大 : big
DànShì, 但是 : but; however
"de*, 的 : s; ""that"", ""who"" in subordinate clause"
Dìdi*, 弟弟 : little brother
DiànShì, 电视 : television
DŌU, 都 : all, both
GĀOXìng, 高兴 : is/are happy
GĒge*, 哥哥 : elder brother
GĒN, 跟 : with; and
GĒNTĀ, 跟她 : to/with her

GuìXìng, 贵姓 : honorable surname is; what is __ last name?
hǎo, 好 : good
hǎoBùhǎo, 好不好 : okay?
hǎoKàn, 好看 : good-looking
hěn, 很 : very
hěnDUŌ, 很多 : very many/numerous
hěnxiǎng, 很想 : really feels like
JIĀ, 家 : home
Jiào, 叫 : call; be named
jiějie*, 姐姐 : elder sister
Jìu, 旧 : old (for things)
KĀI, 开 : open; hold (a party, meeting, etc.)
KĀIde* PàiDuì, 开的 排队 : the party that …

throws
Kàn, 看 : look at; watch
KànDào, 看到 : see
KŪ, 哭 : cries
le*, 了 : (action is completed); (change of status)
liǎngGè, 兩個 : two (of something)
LǜSè, 綠色 : green
MĀma*, 媽媽 : mama
Mà, 罵 : yell at; curse someone
ma*, 嗎 : yes-or-no?
mǎi, 買 : buy
mǎide*, 買的 : bought
méIyǒu, 沒有 : there isn't; there aren't; not have
nǐ, 你 : you
nǐde*, 你的 : your; yours
nǐhǎo, 你好 : Hello!
nǐmen*, 你們 : y'all
níN, 您 : you (polite)
PàiDuì, 派對 : party

Pàng, 胖 : fat
pénGyǒu, 朋友 : friend
Qù, 去 : go; goes
réN, 人 : person
shéI, 誰 : who?
shéNme*, 什麼 : what?
SHĒNGQì, 生氣 : be angry
Shì, 是 : is/are/am/be
SHUŌ, 說 : say; speak
SUĪráN, 雖然 : although
suǒyǐ, 所以 : therefore; so
TĀ, 他 : he; him
TĀ, 她 : she; her
TĀde*, 她的 : her; hers
TĀde*, 他的 : his
TĀmen*, 她們 : they (females)
TĀmen*, 他們 : they; them
Tiàowǔ, 跳舞 : dance
WèishéNme*, 為什麼 : why?
wǒ, 我 : I; me

wǒde*, 我的 : my; mine
wǒmen*, 我們 : we; us
xīníu, 犀牛 : rhinoceros
xǐhuān, 喜歡 : like; be fond of
xǐhuānde*, 喜歡的 : the one that is liked
xǐwǎn, 洗碗 : wash the dishes
xiǎng, 想 : feel like; think
xiǎngmǎi, 想買 : feels like buying
xīn, 新 : new
xíng, 行 : be okay
xìng, 姓 : last name; to have the last name of...
xióngmāo, 熊貓 : panda
yào, 要 : want; will (future); must
yě, 也 : also
yīfú, 衣服 : clothing
yíge, 一個 : one (of something)
yīnwèi, 因為 : because
yǒu, 有 : have; has; there is
yǒuméiyǒu, 有沒有 : has-or-doesn't-have?
zài, 在 : be at
zàijiā, 在家 : at home
zhī, 隻 : [measure word for animals]

TOP (Tonally Orthographic Pinyin) Romanization

This book provides Romanizations in the TOP system. TOP marks the tones of syllables using three methods (ways? things?)

The first marking is the standard diacritical marks used in Hanyu Pinyin. This helps students to go back and forth between TOP and standard HanyuPinyin with greater ease (there really isn't any learning curve involved) and, of course, it's also a means of marking tone, which is the whole point.

The second indication of tone is the colors. These were chosen to be memorable to a non-Chinese speaker: blue (high like the sky), green (growing upward like a plant), black (low like dirt) and red (associated with angry sounds, like falling tones, in English).

These colors were chosen rather than the established "black=1, red=2, purple=3, green=4" system for two reasons. First, beginners who don't speak Chinese have no idea what the tones corresponding to various color words in Chinese are. The mnemonic value just isn't there for them. And second, whiteboard marker sets come in those four colors. ;-)

The third marking is done using capitals and small letters. As you can see from the book text, a first tone is marked using ALL CAPITAL LETTERS; a seconD tonE iS markeD usinG aA finaL capitaL letteR; a third tone is marked using all lowercase; And Aa Fourth Tone Is Marked Using An Initial Capital. (Neutral tone gets all lower-case with an asterisk added.) Native readers of English are very sensitive to capitals and lowercase letters.

Since the TOP system requires no spelling changes from Hanyu Pinyin (other than doubling the letter on a one-letter syllable), it is very simple to have students use both systems seamlessly.

TOP is not intended to replace characters or to be particularly pretty. It is intended to maximize the retention of information about tones in the minds of students. Similarly, the design of this book is intended to encourage students to read the character version and make reference to the Romanization only when necessary. The Romanization is purposely kept out of view when students are supposed to be reading characters, as the Western eye goes automatically to alphabetical writing over characters. Turning the page will allow students to easily check spellings for glossary lookup.

www.ingramcontent.com/pod-product-compliance
Lightning Source LLC
Chambersburg PA
CBHW051248110526
44588CB00025B/2919